Die Thur – Von der Quelle bis zur Mündung

An die Thur

Was wir sagen wird uns stumm
durch Winde Licht und Regen
Was wir sehen ist fremd
angerufen und versenkt

Was wir hören ist der Klang
an dem wir längst erblindet
Die Seele rinnt uns
farblos über das Gesicht

Aber Dein Bild – Fluss –
Dein Bild bleibt uns versprochen
Die Quelle am Ende des Himmels
die Mündung am Anfang des Worts

Helen Meier

Für Nàhani und Guido

Dieter Berke
Helen Meier / Heidi Steiger

Die Thur

Von der Quelle bis zur Mündung

Huber Verlag Frauenfeld

Herausgegeben mit der Unterstützung
der Kantone Zürich und St. Gallen
und der Zürcher Kantonalbank

Herstellung Arthur Miserez
Huber & Co. AG, Grafische Unternehmung und Verlag,
8500 Frauenfeld

ISBN 3-7193-1071-X

Liebeserklärung

Gib uns heute unser tägliches Wasser! Er lebte nahe der Wüste, sprach zu denen, die wussten, dass das Brot am Wasser hängt. Nichts gibt es, was nicht vom Wasser kommt. Wasser formt die Landschaft, den Himmel und die Gestalt aller Lebewesen. Im Wasser – das Selbstverständliche ist das am meisten vergessene – entstand das Leben. Unser Leib besteht zum größten Teil aus Wasser. Wären wir bescheiden genug, ehrlich dazu, verehrten wir Wasser als Gottheit. Ein Teil Wasserstoff, zwei Teile Sauerstoff, ja, ja. Nichts ist damit gesagt oder verstanden. Wer Wasser versteht, soll es uns erklären. Zauber und Geheimnis können nicht erklärt sein. Jene Bildergeschichten kommen dahergerauscht, in denen von der Erschaffung der Welt die Rede ist, von der Atmosphäre, welche herunterregnete, die Dürre und das Gestein benetzte und Fruchtbarkeit brachte, die Pflanzen, die Tiere, den Menschen. Keine Geschichte für die Wissenschaft. Die spricht lieber vom Urknall, von Ursuppe. Zwei schreckliche Wörter, welche das Wort «Und Gott sprach» verdrängt haben. Ich halte es lieber mit dem Mythos, der ausdrückt, was wir alle fühlen: Wasser und Sprache gehören zusammen. Was den Menschen macht, ist die Sprache. Sprache und Wasser sind unverzichtbar, zugleich unnahbar. Es rinnt aus unseren Händen, unsern Mündern, ist stärker als wir. Wasser und Sprache sind unterwegs, in dauernder Verwandlung. Nirgends fühlen wir uns wohler als am Wasser, nirgends fühlen wir uns wohler als dort, wo wir verstanden werden. Wasser war vor uns da, wird nach uns sein, es ist das, was wir nicht beherrschen, misshandeln ja, aber die Rache folgt auf dem Fusse. So wird es mit der Sprache sein, sie ward uns gegeben, in den Anfängen, als sich aus einem Maul ein Mund bildete, aus einem Schlund ein Kehlkopf, aus einem Hirnstamm ein Grosshirn. Über die wichtigsten Dinge, die mit uns geschehen, können wir zeitlebens bloss stammeln. Wasser stammelt nicht, es ist Musik, die reine Sprache des Lebens.

Wer am Verdursten ist, redet vom Wasser. Wer staubig ist, kniet nieder, hebt die Arme hoch unter dem Strahl, der über ihn rauscht. Wir meinen doch nicht, irgend eine ferne Fabrik, eine chemische vielleicht, beliefere uns mit Wasser, sind gleich jenen Kindern, die glauben, der Supermarkt mache die Milch. Dieses bescheidene unscheinbare lautlose ungreifbare Element, melodiös, falls es nicht in seine Urkraft ausgebrochen, dieses Urwunder, diese Voraussetzung unserer Existenz, zeigt auf durchsichtige Weise unseren Platz, spricht von unserem Rang in der Geschichte. Wer immer auf den Mond fliegt, muss wieder zurückkehren. Wer immer mit irgendetwas einen Computer füttert, muss nach einem Glas Trinkwasser greifen. Dem Wasser seines Lebens entrinnt auch der Mensch der Zukunft nicht.

Wer einen Gedanken bekommt, der fragt sich, woher er

kommt, wer ihn macht. Mir scheint es, die Gedanken kämen aus einer fernen zweiten Wasserschöpfung, in der Quellen rauschen, versiegen, hervorbrechen, zu Flüssen fliessen, in Seen sich sammeln, in der uns Wasserfälle bezaubern, Überflutungen uns ängstigen, frische Ideen uns säubern, Augen auswaschen, Durst löschen, Dürre uns quält. Und bevor der letzte Wassertropfen zerplatzt, in den Weltraum verdampft, die Erde als kaltes geschrumpftes Gestein im All erlischt, bevor der kleine Wasserhaushalt, der wir selbst sind, verdunstet, wird Wasser nicht aufhören, uns zu verzaubern. Masslos ist es.

Tränen sind Wasser, wer nicht mehr weint, lebt kaum mehr. Auch aus Freude ist es uns erlaubt zu weinen. Sind wir die Beschenkten, auch wenn wir uns fürchten? Wasser erlaubt sich Binsenwahrheit.

Und diese Selbstreinigungskraft, die es immer noch hat. Der ganze Schmutz der Welt rinnt an ihm ab. Es trägt die Erde. Es erträgt selbst uns. Diese Liebeserklärung wird von ihm grosszügig fortgetragen, dorthin, wo Worte verschwinden, um irgendwo als Keim, im Feuchten, im Tropfen, im Schnee, im Eis, in Quellen, in Wellen hin und herzugehen, auszubrechen, zu münden, zum Himmel zu steigen. Gib uns heute unsere tägliche Überschwemmung? Ja, bitte! Damit wir fassungslos werden, andersherum gefasst.

Steine

Ein schneidendkalter heller Wintertag, eine lieblich-weite Landschaft und ein Fluss, vorerst müssen keine Worte sein. Schon bei den ersten paar Schritten liegt uns die Verletzbarkeit des Wassers vor Augen, neben der Thur fliesst ein Rinnsal: Biologische Nachklärung. Nicht betreten. Nur wenn es dem Menschen gelingt, sich selbst zu lieben, kann die Erde weiter bestehen, sagt der Photograph. Es gefällt mir, dass er das sagt, und wie er das sagt. Erste paar Schritte, und wir verstehen uns. Das ist wichtig. Nur wer sich selbst liebt, kann einen Fluss lieben. Lieben heisst sehen und ehren. Die Thur spiegelt die Erde und den Himmel. Dort, wo das Rinnsal in den Fluss zurückfliesst, hangen Eisgespinste an den Stauden, kleine scharfe Klingen. An den Weiden kleben Heuhäufchen, dürres Laub, wie Vogelnester, geflochten vom letzten Hochwasser, es reichte bis zum Dammweg. Hoffentlich erleben wir ein Hochwasser, sage ich. Ich bin keine Flussanwohnerin, kann meinem Hang zur mächtigen Überflutung nachgeben. Wir verweilen auf einer Kiesbank. Jeder Stein ist einzigartig, ist eine gestaltete Skulptur, in zartesten Farben, weissgrau, rosagelb, grünbraun, jeder Stein möchte in die Hand genommen sein, ist ein schmunzelndfeines Lebewesen, hat nur andere Zeiträume als wir, Steinmann ist uralt, geädert, verkrustet, Steinfrau ist ganz jung, ihr weisses Haar flattert, sie lächelt, gefiedert ist ihre gewaschene Haut.

Die Thur beginnt zu strömen und zu singen. Sie mäandert, folgt ihrer Lust und die heisst schwingen, von einem Ufer zum andern, vom Gleithang zum Prallhang. Die Farbe des Wassers hat sich verändert, ist sie eher blau oder eher grün? Olivbraun? Phantasieblau? Koboldgrün? Wasser musiziert die Farben. In einer Ausschwemmung steht ein Riesenblock, wie der Buckel eines Walrosses. Kalte Brise bläst uns ins Gesicht, den Rücken wärmt die Sonne. Wir gehen über Schwemmland.

Künstlich angelegte Steinzungen aus Felsblöcken brechen die Strömung, schützen die Ufer, bieten Laichplätze für Fische. Silberflitter trägt der Fluss, seine Töne sind wunderbar, Labsal für das Ohr. Sie beruhigen und regen an. Nirgends wandert sich besser als entlang fliessendem Wasser, Körper und Seele werden eins, das Blut kreist, sein Geschwister, das Wasser, zieht und lockt, leicht geht der Atem.

Die Eisenbahnbrücke lässt einen schmalen Steg für Fussgänger frei. Nicht stehenbleiben, nicht hinuntersehen darf ich. Der Photograph erbarmt sich, gibt mir seine Hand. Reden soll er, gleich was, ich halte den Blick starr gesenkt, sehe auf meine Schuhe, bitte reden Sie, gleich was, von den Wölfen in den Pyrenäen, den letzten freilebenden, mit Hilfe eines Eingeweihten aufzuspüren, mit Anschleichlist, Bewegungslosigkeit, Tücke und Hinterhalt, eine Wolfsjagd nach Wolfsbildern, erzählen Sie bitte, was ist die Photographie, warum lieben wir sie, warum macht sie alles schöner, tückischer, farbener, geheimnisvoller, ewiger, warum gelingt es ihr, uns das Paradies vorzugaukeln, wo wir doch längst aus ihm vertrieben sind, reden Sie, zum Ende der Brücke muss ich, auf einem schmalen schwingenden Pfad, mit lockeren Betonplatten, rutschendem Eis, links sind Eisenbahnschienen, rechts ist irgendetwas Blaues, luftig Schwebendes, Höhenangst deutet auf Ungelebtes hin, Blödsinn, alle Menschen sind Ungelebtes, wer das eine lebt, lebt das andere eben nicht, keine kann alles leben, was ist Schwindel, wieso darf es einem nicht schwindeln, wo doch die Welt grausam ist, tiefabgründig, wo alles uns verhöhnt, nichts sicher ist, drunter und drüber, wo man nie weiss, was unten ist, was oben ist, was Luft ist und was Erde, wo man doch nie weiss, was vergangen ist und gegenwärtig, Verstorbene leicht auf Besuch kommen, leicht mit einem wandern, wo doch alles fliesst, keine Minute stehenbleibt, alles gläsern ist, durchsichtig, zugleich schwarzverschlossen, schmettere mich nicht in die Tiefe, die Tiefe ist es nicht wert, werfe mich nicht in die Höhe, der Himmel lohnt es nicht, senkt sich auf die Erde, ich will es, mag es, kann, hoff, vertrau und verfluch, Steine will ich, Steine. Etwas zitternd bleibe ich auf festem Grund stehen, während er nochmals zurück auf die Brücke geht, seelenruhig seinen Apparat an sein Auge hält. Den einen schwindelt es, der andere photographiert, der Mensch gleicht dem Menschen.

Nun läuft der Fluss uns entgegen, nun haben wir die Sonne im Gesicht. Auch der Schnee sprüht Farben. Niemand begegnet uns. Das Rauschen im Auenwald ist wie ein leichtes Beben, die Erde aber, die ist fest. Wir gehen auf Schwemmholz und Kies. Das Wasser führt Selbstgespräche, verstummt, flussaufwärts fängt es an, murmelt, verstummt, flussabwärts murmelt es. Drei Milane ziehen ihre unendlichen Kreise. Hohe Föhren führen am Stamm einen Schneestreifen hoch. Keine zwei identischen Kieselsteine gibt es, die Erscheinungen des Lichts auf dem Wasser sind nie die gleichen, und hockten wir jahrelang auf erhabenen Steinen. Wir gehen über feinen Sand. Ein Habicht mit weissem Bauch zieht über uns hin. Kleine Tümpel und Weiherchen bimmeln. Altwasser modert, mit einem Grün, das wir das barocke nennen. Dort sind meine Diamanten, sagt der Photograph, deutet rückwärts auf das Glitzern. Ich trage eine angeschwemmte Plastikflasche zum Abfallbehälter. Die Brücke von Gütighausen steht immer noch.

19. Februar 1992: Gütighausen, Richtung Andelfingen.

Gehen

Sie bleiben unsichtbar, wir sehen ihre Werke. Der Biberbau ist ein kleines Wehr, Weidenstämme, nach geheimem Gesetz ausgewählt, durchgenagt, liegen im Kanal.

Wir gehen quer über Wiesen und Äcker an die begradigte Thur. Sie zieht sich schnurgerade bis an den Horizont, wo ein riesiger bolzengerader Rauch aufsteigt. Das Ufergebüsch ist kahl, voll mit vorjährigem Laub. Schiesslärm von der Allmend, Autobahngeräusche sind nebensächlich, die Nähe des Flusses wirkt als magischer Ort. Ich setze Fuss vor Fuss, leichtfüssig eilt das Wasser mir entgegen, zieht an mir vorbei, zieht, ich ziehe ihm entgegen, leicht, leicht. Langsam kommen wir der Rauchsäule näher, eine vier bis sechs Meter hohe Weidensteckenbeige brennt, verbreitet höllische Hitze. Sind verkohlte Leichen drin? Der Haufen knattert, faucht, glüht. Wie Morgennebel liegt der Rauch, weit über die Ebene gezogen. Am Horizont schwebt das Filigran einer Brücke. Zwei Graureiher entfernen sich mit platschendem Flug. Wer zu Fuss geht, für den ist die Welt unheimlich gross, wie zu Anfangszeit ist sie, überall anwesend, überraschend überall, im Kleinen ist das Grosse, das Kleine, Hand in Hand, mit dem noch Kleineren. Das Hässliche bekommt den milden Schimmer des Vorübergehenden. Wer geht, hat Geduld. Das Schönste am Vorfrühling ist die Geduld, mit der die Natur auf sich selbst wartet. Schräg vor der Eisenbahnbrücke funkelt das kleine Gebirge einer prachtvollen zweistufigen Stromschnelle.

Gibt es eine zweite Lesart? Der Fluss zwingt uns zur Wiederholung auf anderer Seite. Gehe ich besser mit ihm oder gegen ihn? Das Gehen gibt eine gute Seele, zufrieden wird der Körper mit sich selbst, stumm, nur Tollwütige reden ohne aufzuhören.

Ein leeres dürres Rückfangbecken, das bei Überschwemmungen zum Biotop wird, sieht aus wie eine Schlangengrube, sie fehlt, die Zickzackige. Auf dem Damm sind Pferdespuren. Die Ebene ist Reiterland. Die Schwellen, die Leichtigkeiten des Sturzes, sind schön.

Schön, ein oft gebrauchtes Wort, was bedeutet es? Unser Auge ist entzückt. Was ist unser Auge? Ein Lichtorgan, das Organ der Wahrnehmung, die Welt stellt sich uns als Wahrheit dar. Wir dürsten nach der Schönheit der Wahrheit. Ist das gelogen oder wahr, zu sagen, was man denkt, ist das schön?

Oben ist es wie poliert, unten rumpelt es, sagt der Photograph, legt einen Kristall in das Wasser, der Fluss hat mir viel gegeben, jetzt geb ich ihm etwas zurück. Im lichten Wald begleitet uns ein frischer Bach, vom Seerücken hergekommen. Fünf Pferde streifen mit den Nüstern über graslose Erde, preschen gegen den Stacheldraht, wenden elegant die Flanken. Zwei Milane vergnügen sich, spielen die Spiele der Luft.

Zwei mal sieben Kilometer gegangen sind wir, und der Rückweg gehört zum Ziel, so einfach ist das.

19. März: Pfyn, Richtung Weinfelden.

Hören

Die Thur umarmt die Kiesbank, die Thur erschafft die Kiesbank, die Kiesbank begleitet die Thur. Auf einer Halbinsel aus Nagelfluh und uraltem Moos hören wir dem Wasser zu, haben inzwischen vergessen, wie es klingt. Willenlos und erhaben, klein und gehetzt. Was? So könnte es sein, so machen wir es. Was? Du weisst was. Lautlos fliesst der Kanal, zieht rasch, sein grausiges Ziehen zieht Menschen an. Sie ging in den Kanal, so hiess es. Im schwarzgrünen Ziehen meinte sie einen rufenden Mund zu sehen. Auf den Pflöcken der alten Verbauung siedeln Pflanzen, auf Holzstaub, Blütenstaub, Weltstaub. Ein Stockentenpaar plustert auf zwei Pfosten. Leica Luti, die Hündin, hingerissen, vergisst die Erziehung, die Enten, sicher und stolz, rauschen hart über dem Wasserspiegel kanalabwärts. Jagd ist das ganze Leben, hart unter der Oberfläche jagt die Jagd.

Der Huflattich hat sich durch Stein gebohrt. Lungenkraut und Milzkraut heilen den Winterausschlag, das Bärlauchgrün besiegt ihn vollends.

Wieder sind wir in Auenwäldern, es gibt sie noch, die leichten, die artenreichen, winddurchwehten. Der Weg steigt auf den Huser Felsen. Unten rauscht sie, ihr herrliches Geräusch und die Skala der lichternden Farben machen uns jung. Wir pfeifen und singen, unsere Schritte haben kein Alter. Welchem Jahrhundert gehören wir an? Sind wir jene fernen Wandervögel oder jene, die weder Gefährten noch Heimat wollen? Keine Zivilisation fixiert uns auf die Gegenwart, das Wasser ist wie eh und je, immer war Dunst, der Schleier schon immer. Wer den Gleichmut verloren hat, muss auf einen Fluss hören. Das Strömen ist wie die Zeit, und die Zeit steht still.

Manchmal, wir geben es ungern zu, werden wir das Gefühl einer ständigen Bedrohung nicht los. In einer Flusslandschaft, menschliches Wüten vorüber wie der Schritt der Dinosaurier, verliert sich dieses Gefühl. Nichts bedroht uns. Das grosse Raubtier ist verschwunden. Schroff sind die Ufer, sanft sind die Ufer, die Kiesel lautlos. Alles ist, wie es zu sein hat. Darüberhinaus nichts.

9. April: Alte Brücke Bischofszell, Richtung Oberbüren.

Schauen

Die Thur begleiten heisst, auf seinen Körper vertrauen, auf wen denn sonst? Der uralten Gewohnheit der Langsamkeit erliegen, wenn immer möglich nah dem Fluss bleiben, durch Wälder, über Uferböschungen, an Wiesenrändern Wege suchen, auf keiner Karte verzeichnet. Wege der Beschaulichkeit, der Bescheidenheit. Wer, was hat diese zwei Begriffe verunglimpft? Beschaulich und bescheiden möchte niemand sein. Bescheiden heisst, von etwas scheiden. Von was? Geben die Bilder dieses Flusses darauf eine Antwort? Die Laute des Flusses? Und Beschaulichkeit will schauen. Wer schaut? Wer in das Schauen verliebt ist.

Auf dem Muggensturm-Felsen ist ein uralter Blick auf den Mäander, er wartet auf uns, dieser Blick, der Urmensch blickte ihn. Flüsse fliessen durch die Menschheit. Jahrtausendelang hat der Mensch mit Flüssen zusammengelebt, sie boten ihm Nahrung, Schutz, Weg, Verbindung und Trennung. Freund und Feind war er, der Fluss. Das eine geht nicht ohne das andere. Die Geschichte der Erfindungen, der Technik und der Kunst siedelt an Flüssen, strömt auf Wassern, von der Mühle zur Kirche, vom Wehr zum Gemälde, von der Pflanze zur Bibliothek hin zum Computer und zum Comperator. Auf Flössen und Schiffen trieben die Gedanken.

Wer sieht? Wer zu sehen liebt. Der Weissdorn blüht noch nicht. Das Nochnicht ist ein Lied. Wer singen will, der singt. Das Goldbraun des Wassers gleicht dem Goldbraun knospender Weiden. Die Thur kräuselt um Steine, die weiss sind wie Schneebrocken. Breit und freundlich trägt sie einen Algenteppich.

Ein Fliegenfischer schwingt seine Leine wie ein Lasso, er überlässt die zu kleine Forelle ohne weiteres der Welle. Wir möchten reimen; und er beklagt sich über Kormorane; sind für das Recht des Vogels, das ausschliessliche Recht des Menschen ist ein Unrecht.

Hier bleib ich stehn. Der Uferwald ist voll weissäugiger Buschwindröschen, er ist dick voll leuchtender Äuglein. Ich wage es, naiv zu sein. Jedes Blättchen ist wichtig, mit Liebe gemalt ist jedes Blümchen. Ein gewöhnliches Gehölz erscheint als Zauberwäldchen. Der Mensch, der jede Naivität verloren hat, muss ein leerer sein, der Kopf allein gibt ihm kein Wunder.

Das Wehr rauscht, wir sehen das Rauschen. Die Sprache ist ein treibendes Gut. Vorbei der seidene Wassersturm, vorbei der Sturmschaum, die Glasrohre splittern.

12. April: Alte Brücke Bischofszell, Richtung Kradolf.

Versuch eines Gedichts

Wegen Hitze, sonntäglicher Furcht vor Masse und persönlicher Schlappheit verschieben wir die geplante Wanderung. Mit dem Photographen reden wir durchs Telephon. Sein Ehrgeiz, jeden Meter Thur abzuwandern, verleiht ihm wunde Füsse, einen Mund wie Schmirgelpapier. Im Morgennebel, im Frühtau schiesst er seine Bilder, ein Jäger ist auch er, lauert auf die nicht abgewürgte Thur, die sich selten zeigt. Fiebrige Unrast erfüllt ihn, Trauer über Unwiederbringliches. Will er Haufen von Unrat, will er Plastiksäcke? Drang nach Schönheit hat er, möchte das lockende duftende Spiel der Nixen, weisse Kiesbänke, saftige Bäume, sich ins Wasser neigende, Wasserfälle, den stillunheimlichen Teich, das Ungebändigte, in das wir taumelnd versinken, er will menschenlose reine Natur, die uns die Ewigkeit des Lebens zeigt. Immer suchen wir das Paradies. In ihm waren nur zwei Menschen, nicht Tausende. Tausende mit ihren Auspuffen, ihren Wurstbratereien, ihrem Kot. Er will Tiere, den dämonischen Biber, den archaischen Fuchs, die scheuen Laubraschler, den unbesiegbaren Greifvogel. Vielleicht trifft er einen Wolf, den Thurwolf, das letzte Zeugnis unseres Unverlorenseins, wenn er doch einen ausgebrochenen Löwen fände, einen Tiger mit Raubtiergefunkel, eine Wasserschlange mit Krönlein auf dem Kopf. Er sieht Betongruben, runde stillmahlende Behälter unserer Ausscheidungen, unseres Hygienefimmels, braunstinkend, ekelerregend. Je sauberer der Mensch, umso dreckiger ergeht es seinem Lebensquell. Er sieht den Fluss vergewaltigt durch hässliche Bauten, gewürgt von der Furcht des Menschen. Wohin dieser Mensch sein gieriges Auge wirft, da wächst keine Welle mehr. Keine Wassergeister gibt es, keinen Pirol, vom Unverstandnen rufend, keinen Eisvogel, ihn mit Schauer überjagend. Unsere wahnhaften Vorstellungen einer unverbrauchten Welt dauern an, zumindest in denen, die davon noch eine Ahnung haben. Nie gestillt ist unsere Sehnsucht nach Ursprung, nach Atlantis, der Insel im Wasser. Wie der Mensch Überschwemmungen fürchtet! Lieber versumpft er in der Öde einer «korrigierten» Landschaft. Werden kommende Generationen es anders sehen, der Thur wieder alle Lebensrechte zurückzugeben? Die Mäander der Überraschungen, Richtung und Mass, Zeit und Geschwindigkeit dem Flusse allein überlassen? In künftigen, nicht allzu fernen Zeiten des Wassermangels wird ein Hochwasser gefeiert als ein Fest des Überlebens? Jeder Tropfen heiliggesprochen?

Mit einem Fluss reden, im Ton eines Gedichts, ist das unmöglich geworden? Du solltest es tun.
Verzeihe mir der Flussgott, Hölderlin ist tot, Meinrad Inglin ist 1971 gestorben.
Versuche es. Und wenn es misslingt? Misslungenes säumt meinen Lebensweg. Das ist mir zu pathetisch. Eines der schönsten Gedichte der deutschen Sprache, weisst du, welches?

Doch noch wandl ich auf dem Abendfeld, nur dem sinkenden Gestirn gesellt; Trinkt, o Augen, was die Wimper hält, von dem goldnen Überfluss der Welt!

Unnötig zu sagen, von wem das ist.
Jetzt les ich dir ein anderes.
Von wem? Gleichgültig. Flüsse sind wie Kathedralen, niemand fragt, wer sie gebaut hat.

Staub deines Flussbetts knarrt
an die Stümpfe der Gefallenen
Angesicht gaben wir dir auf Seiten
in Büchern zurück, wir Elende

Suchten hier vergeblich
nach dem unzerstörten Bild
Vom Flammenwind hinweggefegt
strömst du durch offene Himmel

Zur Erde gefallen, gieren wir
wassersüchtig nach euch
Strömendreine schmiegsame Wasser
fern vom Blitz des Gehirns

17. Mai: Von der Wirklichkeit Richtung Paradies.

Blume

Ist die schwarze Köchin da? Ja, ja, ja. Dreimal musst du ummarschieren, vierzigmal den Kopf verlieren, fünfzigmal musst sagen: Du bist schön, du bist schön, du die Allerschönste. In Kindertaumel versetzen uns die Blumenwiesen. Bachbenediktenkraut, Schlangenknöterich, Sanikel, Kuckuckslichtnelken, Margerite, Storchenschnabel, Wiesenflocken, Teufelskralle, Habermark und Habichtskraut. Sie leben, ich schwöre es, wiederhole die Namen wie einen Singsang, um sie nicht zu vergessen, Sprache kommt mir durch das Gehör, mit dem Nennen des Namens meine ich ein Wesen zu erfassen, berühre die Blume, durch die Finger muss die Erinnerung fliessen. Wohin gehen die verschwundenen Arten? Gibt es eine zweite Schöpfung? Der Bärlauch blüht nur im Dunkeln. Sein Knoblauchduft liegt auf dem Waldweg, in der Luft liegt das rauhe Rauschen, ein Gebirgsbach ist die Thur, ein Sommerwiesenbach.

Wie vollkommen Enten sich treiben lassen, Symbiose von Anpassung und Widerstand. Wie vollkommen die kleine steinerne Rundbogenbrücke gebaut ist. Alles mit den Lebensgesetzen einige ist vollkommen, das heisst, nicht mehr zu verbessern. Die überdachte kleine Holzbrücke ist schief, verstaubt, vernützt, wie gewachsen wirkt sie, vollkommen. Vollkommenheit ist die Einheit zwischen Raum, Zeit und Gestalt. Ist das eine Behauptung? Du sollst nicht behaupten, du sollst erzählen. Der Fluss erzählt, ich nicht. Der Übriggebliebene erzählt mir von einst. Ich hänge am Rest. Tief hinten, wo die Erinnerung ist, besitzt meine Grossmutter eine Hütte am Fluss. Sie bringt ihm alle Tage ein Brandopfer, der Fluss schickt ihr seinen Hauch. Alle Morgen teilt er die Welt ein, hier Wasser, hier Erde, hier bin ich, dort bist du. Zieh weg, das Leben ist beschwerlich, hier hausen Gespenster, Nebel, Regen, Schatten und Langeweile, immer das Gleiche, hab es leichter. Grossmutter bleibt störrisch. Einmal starb sie, des Lebens satt. Manchmal seh ich sie wieder, sie steht am Fluss, ihre Gestalt ist ungebeugt, sie hält etwas Weisses in der Hand. Was ist es? Frauen ihrer Art tragen nichts, was teuer ist, sie verschenken, was am Zaun wächst. Was wird es sein, vielleicht eine Blume. Du flunkerst. Nein. Grossmutter hatte ein Hinkebein. Am Fluss schwindelt mir, der Fluss flunkert.

«Welt- und Lebensanschauung, die das Dasein als ewiges Werden, das einzelne als Ausdruck eines Unendlichen ansieht: Romantik.» Tief in der Klus liegt die Thur eingesperrt, tost und starrt als grünblaues Auge auf den Grund des Felsens, starrt herauf, tastet sich durch das Gestein, hat sich in Jahrmillionen durchgetastet.

In der Schlucht ist ein kleines Kraftwerk. Wir stehen auf der Betonrampe, Restwasser rieselt über das Stauwehr. Weiter unten, beim Gebäude, sind die Steine verschlammt, das Wasser stinkt. Nicht wegen der Generatoren, wegen

Liegenschaften, die nicht an die Abwasserreinigung angeschlossen sind, oder ist es nochmals das leidige Güllen?

Komm, verdirb den schönen Tag nicht, heute ist Pfingsten. Heute sollte uns etwas Geistreiches einfallen. Der Geist ist in der Blume, ist das richtig? Für dich schon, du Närrin, du, mit deinen Rhododendren, dem gelben Mohn, den Clematis und der Bambus wie ein Dschungel ums Haus, du, mit deinen alten Rosen und Sitzplätzen, kleine Inseln im Verwunschenen. Du hast leicht reden, du bist Lehrerin.

Was die schwarze Köchin uns einst kochen wird? Was wohl, was alle kochen, ob schwarz oder weiss. Ob wir es essen? Wir werden es müssen. Was tun wir zuvor? Singen: Du bist schön. Verdauung, Exkremente, Abfälle, Hinterlassenschaften, aller Gestank, Schmutz, die Schwere, Materie und die Grausamkeit sind aufgelöst in der Blume. Allerschönste gibt es nicht, jede ist es. Von wem oder was kann das noch gesagt sein? Ihre Vergänglichkeit und jährliche Wiederkehr ist die Musik der Erde. Ihre Schönheit ist ein Speer gegen den Tod, der Speer zerbricht, aber der Tod bleibt verwundet. Für eine Blumenzeit ist die Welt eine Blüte am Abgrund.

Das ist mir zu blumig. Ich schäme mich nicht, blumig zu reden, reden ist nicht schreiben. Lobe die Blume, sie schreibt nicht.

Nein, keine in Vase, ist eingesperrte Löwin, hausbacken, traurig. Draussen muss sie sein, draussen, wo die Erde lebt.

7. Juni: Auf dem Thurweg von Alt St. Johann nach Nesslau.

Die Mündung

Mein Kopf ist voll Bilder, aus Büchern gelesen. Ströme, die mit gewaltigen Armen nach dem Meer greifen, sonnengleissend, mückenumwölkt, orangengelb, dem Mund des Meeres gleiten die Wasser zu, flutet das Land hinein in das Meer oder flutet das Meer über das Land? Die Wirklichkeit ist anders, sie ist kleiner, fester, sie ist überraschender.

Die Thur mündet behutsam, fast ordentlich, ohne viel Aufhebens. Die Thur wird vom Rhein, mit der Allüre eines europäischen Stromes, etwas zurückgestaut, und dann unmerklich, doch unweigerlich mitgezogen. Zwei verschiedene Lebensläufe fliessen ineinander, werden ununterscheidbar, haben dieselbe Farbe, ein silbrigbedecktes Sommergrün.

Wer mit Flüssen umgeht, neigt dazu, sie als Wesen zu sehen. Ja, sehen wir sie als Wesen! Der Rhein zieht mächtig, das Schneewasser der Berge ist in ihm, stäubendstürzend hat er sich erfrischt, er weiss noch nicht, was ihn erwartet, ist immer noch jung. Die Thur scheint müde, hat ihren Weg gemacht, löst sich stumm auf, was zu erreichen war, ist erreicht, jetzt ist es der Rhein, der reisst. Sie hat ihren Namen verloren.

Auf der schmalen Landzunge zwischen den beiden Wassern steht eine vierstämmige, zwanzig Meter hohe Pappel, mit starkgefurchter verkorkter Rinde. Wie hoch? Unwichtig. An einer Mündung ist die Höhe die Weite. Das Bild verschwindet nie. Es hat die Bedeutung, die wir ihm geben.

Helen Meier

Flussträume

Jahrtausendelang haben Flüsse einer Vielzahl von Lebewesen Lebensraum, Trank und Nahrung geboten. Sie trugen die Schiffe der Menschen und trieben seine Mühlen. Jahrtausendelang bezeugte der Mensch dem Wasser seine Ehrfurcht, verehrte in ihm die Quelle des Lebens. Nymphen und Nixen beschützten Grotten und Quellen, Götter die Meere, ihnen brachten die dankbaren Menschen Opfergaben, denn sie wussten sehr wohl um die zerstörerische Gewalt des Wassers. Doch eines Tages bemächtigte sich der Mensch der grössten Kraft des Wassers und verwandelte sie in elektrischen Strom, verkehrte damit die magische Bindung an das Wasser in eine Abhängigkeit, die beide zu Gefangenen macht. Warum aber ist bis heute der Fluss Sinnbild unseres Daseins geblieben? Aus dem Dunkel der Erde kommt er, als übermütiges Kind springt er von Stein zu Stein, schäumt und tobt als ungebärdiger Jugendlicher gegen jede Einengung und strömt langsam seiner Bestimmung entgegen. Doch wo finden wir ihn, den Fluss unserer Träume? Sind sie nicht alle in Fesseln gelegt, in ein Korsett aus Stein gezwängt, tief unter die Erde verbannt, die Zuflüsse, die munteren Bäche, verstummt, amputiert, die bunten Kiesel von einem glitschigen Trauerflor überzogen, die Auen, dieser Garten Eden, seiner Schätze beraubt. Nur alle halben Jahrhunderte brüllt der Totgesagte schauerlich auf und wälzt sich rachsüchtig aus seinem schäbigen Bett. Und doch gibt es ihn noch, den Fluss unserer Träume, noch ist er nicht verstummt, noch lässt er seine Wasser tanzen, Strudel und Schnellen, Wirbel und Wellen, zeigt uns sein wildes, schönes Gesicht. Suchen wir ihn, denn er braucht treue Freunde!

Flusslandschaft

Ein Blick auf die Landkarte zeigt, dass auch die Thur an allem teilhat, was einen Flusslauf unserer Zeit kennzeichnet, gerade Strecken und Mäander, was ziemlich genau verbauten und natürlichen Flussläufen entspricht. Was wir vergeblich suchen, sind Seen oder gestaute Strecken. Die Thur ist einer der wenigen Flüsse, die ohne Unterbrechung fliessen und wo Lebensgemeinschaften nahtlos ineinander übergehen. Ihr Quellgebiet liegt auf 1207 Meter Höhe in der Thurwis am Säntis, ein zweiter Quellbach, die Wildhauser Thur, ist weitgehend eingedohlt. Als eigentlicher Wildbach durcheilt sie das Toggenburg und weitet sich in den Talsohlen zum Fluss, schlängelt sich zwischen Lichtensteig und Schwarzenbach durch teils unzugängliches Gelände, zieht in ziemlich gerader Bahn Richtung Bischofszell, und nach einer gewaltigen Schlaufe strömt sie, höchstens ein paar sanfte Rundungen andeutend, Richtung Rhein, den sie nach einigen Windungen nach Gütighausen fast ohne Gefälle erreicht. Länge: 125 Kilometer, Einzugsgebiet: 1724 Quadratkilometer. Es lohnt sich, die Ortsnamen beidseitig der Thur zu lesen. Da wimmelt es nur so von Au und Aeuli, ein Hinweis auf die ursprüngliche Flusslandschaft.

Jeder Fluss ist Teil des grossen Wasserkreislaufes, dessen Mittelpunkt die Sonne ist. Niederschläge, die nicht verdunsten oder versickern, fliessen in einem Bett zum Meer, als Bach, als Fluss, als Strom. Während ein See sich so langsam verändert, dass ein Menschenleben nicht ausreicht, es wahrzunehmen, sind Flüsse imstande, in Stunden sich selbst und ihre Umgebung völlig umzukrempeln und neu zu formen. Von der Strömungsgeschwindigkeit und der Wasserführung hängt die Gestaltung eines Flusstales ab. In täglicher Feinarbeit nagen die Fluten an den Ufern und am Grund und tragen Material ab oder schütten es auf. Zur Zeit der Schneeschmelze führt ein Fluss wie die Thur ein Vielfaches seiner Wassermenge. Auch nach tagelangen Niederschlägen wälzen sich gewaltige Wassermassen durch das Flussbett, die wie ein riesiger Besen Schlamm und Algenbeläge wegfegen. Gesteinsbrocken, Kies- und Sandbänke geraten in Bewegung, und nichts ist mehr, wie es vorher war. Handkehrum liegen wieder weite Teile des Flusses trocken. Dieser Wechsel stellt an viele Tiere und Pflanzen höchste Anforderungen.

Fliessgewässer lassen sich in drei sehr unterschiedliche Abschnitte einteilen. Im Oberlauf fliesst das Wasser mit sehr hoher Geschwindigkeit und frisst sich in den Untergrund. Vom Felsen gelöste Blöcke im Bachbett, Schluchten und Wasserfälle kennzeichnen den Wildbach. Im Mittellauf nimmt die Wassermenge zu, die Fliessgeschwindigkeit ab, der Fluss bewegt sich in Schlingen durch die flache Talsohle. Der Abtrag in der Tiefe verringert sich, dafür setzt die Seitenerosion am Prallhang ein, während am Gleithang sich Sand und Kies türmen. Im Unterlauf verlangsamt sich der Fluss so stark, dass feinste Schlammteilchen absinken. Die Wassermenge ist hier am grössten. An der Thur lässt sich diese Einteilung gut verfolgen. Nach der kurzen Quellbachstrecke wechselt sie mehrmals ihren Charakter. Bald Wildbach, bald mäandrierender Fluss, verliert sie nach Schwarzenbach ihr Ungestüm. Schon auf der Höhe von Frauenfeld zeigt sie Merkmale des Unterlaufs, was allerdings auch mit ihrer Verbauung zu tun hat. Der eigentliche Unterlauf ist kurz.

Eine andere Einteilung richtet sich nach den sogenannten Leitfischen. Die Forellenregion erstreckt sich vom Gebirgsbach bis weit in den Mittellauf hinein, überschneidet sich auf lange Strecken mit der Aeschenregion und diese endet an der Barbenregion im Unterlauf. Diese Leitfische geben äusserst zuverlässig Auskunft über Wasserqualität, Wassertemperatur, Untergrund, Kleinlebewesen und Pflanzen.

Die obere Thur

Wer die Anstrengung nicht scheut, ins Quellgebiet der Thur hinaufzusteigen, kann dort, wo das Wasser aus dem Stein rieselt oder sich zu einem Tümpel sammelt, erstaunlich viel Lebewesen finden. Quellwasser ist eisigkalt und sauerstoffarm, dafür ist seine Reinheit sprichwörtlich. Obwohl Nährstoffe sofort weggeschwemmt werden, genügen diese kargen Bedingungen den Larven verschiedenster Insekten und den Strudelwürmern.

In der Thurwis vereinen sich die Rinnsale zu einem richtigen Bach, der durch das sumpfige Gelände gluckert, an der spärlichen Humusschicht zehrt, Baumwurzeln unterspült und bereits im kleinen die eigenartige Welt des Gebirgsbaches zeigt. Der Ufersaum ist noch schmal, von Geröll geschützt. Erst weiter unten sichern Erlen und Weiden den bachnahen Boden. Eigentliche Auen treten erst in tieferen Lagen auf. Der felsige Grund, das reissende Wasser, wenn auch reich an Sauerstoff, ist ein unwirtlicher Lebensraum, dem einzig Algen und Moose trotzen können. Doch unter Steinen entdecken wir vielgestaltiges Leben: Würmer und Krebschen, ungezählte Larven von Fluginsekten, Eintagsfliegen, Köcherfliegen, Steinfliegen und Mücken. Wie werden diese Winzlinge mit der gefährlichen Strömung fertig? Sie besiedeln jede noch so kleine Nische unter oder hinter dem Geröll, wo sich kleinste Zonen mit Stillwasser bilden, in Kolken und Buchten, wo sich das Wasser kaum bewegt und feinster Sand und organisches Material absinken kann. Auch im Sommer überschreitet die Temperatur kaum zehn Grad, im Winter sinkt sie nie auf den Gefrierpunkt. Die längste Zeit ihres Lebens verbringen die Insektenlarven im Wasser, manchmal über zwei Jahre, um ihm dann geflügelt zu entsteigen, sich zu paaren und Eier abzulegen. Wunderbar sind die Strategien dieser Wirbellosen, um der Strömung zu entkommen. Viele sind so flach gebaut, dass sie sich in engste Ritzen verkriechen oder in jener strömungsfreien, dünnen Wasserschicht leben können, die sich dem Bachgrund anschmiegt. Nicht wenige sichern sich mit Saugnäpfen, Krallen und Borsten oder fixieren ihren Leib mit einer klebrigen Absonderung am Gestein. Köcherfliegen leben in stehenden und fliessenden Gewässern. Je nach Umständen verfertigen sie ihr köcherförmiges Gehäuse aus leichtem Material oder schwerem wie kleinen Steinchen, die sie in ein zartes Gespinst einweben. Die Köcher sind leicht gekrümmt gebaut, damit sie weniger mit der Strömung davonrollen. Bei Gefahr und zur Verpuppung zieht sich das Insekt in seinen Köcher zurück. Räuberische Arten spannen dort, wo die Strömung nicht zu heftig ist, elastische Fangnetze von Stein zu Stein, wieder andere weiden die Algenteppiche ab. Ganz phantastisch muten die Sicherheitsleinen an, mit denen sich bestimmte Mückenlarven an Steinen verankern.

Bis weit hinauf ins Gebirge zieht sich der Lebensraum der

Bachforelle, aber auch im Raum Frauenfeld ist sie noch anzutreffen. Ihr kräftiger, stromlinienförmiger Leib und ihre Gewandtheit sind genau auf die Verhältnisse im Gebirgsbach zugeschnitten. Sie liebt viele Verstecke und überhängende Äste, von denen allerlei Kleingetier ins Wasser fällt und von der eleganten Jägerin blitzschnell geschnappt wird. Als Jungfisch hält sie sich vorwiegend an Larven und Plankton, später bevorzugt sie auch grosse Wasserinsekten oder kleine Fische. Bachforellen kennen ihr Revier sehr genau und verteidigen es heftig. Ihren Laich legen sie in Vertiefungen auf kiesigem Grund ab. Leider wird dieser schöne einheimische Fisch immer mehr durch die von Fischern ausgesetzte Regenbogenforelle verdrängt. Als später laichende Art sucht diese die gleichen Plätze wie die Bachforelle auf und wirbelt deren Eier fort, um ihre eigenen abzulegen.

Der Bachgrund wiederum ist das Reich der Groppe, die im Aussehen eher einer grossen Kaulquappe gleicht. Sie braucht keine Schwimmblase, denn ihre Beute holt sie sich am Boden. Auch sie gilt als empfindlicher Fisch und stellt ganz ähnliche Ansprüche wie die Forelle. Die nicht sehr zahlreichen, klebrigen Eier legt das Weibchen in geschützte Hohlräume zwischen Steinen. Das Männchen fächelt mit seiner Schwanzflosse ständig sauerstoffreiches Wasser zum Laich und schlägt jeden Räuber in die Flucht.

Zwei Vögel sind die ständigen Begleiter eines Gebirgsbaches bis weit ins Flachland: die scheue Wasseramsel und die Gebirgsstelze. Die dunkel gefärbte Wasseramsel mit ihrem leuchtend weissen Brustlatz jagt als einziger Singvogel auch im Wasser. Sie schwimmt und taucht mit kräftigen Flügelschlägen bis auf den Grund und holt sich so ihre Beute. Sie führt ein verstecktes Dasein, und ebenso unauffällig sind ihre runden Nester aus Moos, die zwischen Wurzeln und Gestein oder gar an der Rückwand von stiebenden Wasserfällen liegen. Der wippende Gang, der flattrige Flug und die gelbe Unterseite sind die Kennzeichen der Gebirgsstelze, die am und über dem Wasser jagt. Viele brüten nur hier und verbringen den Winter in wärmeren Gefilden im Mittelland oder im Süden.

Wer dem bekannten Thurweg folgt, erlebt eine ständig sich wandelnde Landschaft. Artenreiche Blumenwiesen, die im Juni ihren buntesten Flor entfalten, breiten sich bis zu den Thurufern aus. Zu den Erlen und Weiden gesellen sich Ulmen, und knisternd zerreisst der Flug der Libellen die Luft. Wo das Sonnenlicht voll auf die steilen Hänge trifft, verwandelt sich dieser Weg in eine Duftstrasse. Taucht man in das Dunkel des Gebirgswaldes, gedeihen Farne und Moose im Sprühnebel des Flusses. Tief unten locken die jade- und malachitgrünen Wasserflächen, umschlossen von grobschlächtiger Nagelfluh.

Die untere Thur

Sie birgt in der aussergewöhnlichen Seen- und Stromlandschaft zwischen Frauenfeld und Mündung so viele Kostbarkeiten, dass sie den Vergleich mit dem unzugänglichen Thurlauf zwischen Lichtensteig und Schwarzenbach nicht zu scheuen braucht. Beide gehören zu den Landschaften von nationaler Bedeutung.

Im ursprünglichen Zustand war der ganze Mittellauf und die Mündung der Thur von mächtigen Auen umgeben, da mit steigender Wassermenge und sinkendem Gefälle bei jedem Hochwasser ein freier Strom die Talsohle überschwemmt. Grenze der Auen ist die Linie, wo bei Spitzenhochwasser das Wasser gerade noch hingelangt. Die Linie des mittleren Sommerwasserstandes trennt Flussbett und Auen. Die Auen schlucken nicht nur das Hochwasser, sondern nehmen auch gewaltige Mengen von Kies und Sand auf. Schwindet das Wasser, lagern sich feinste, nährstoffreiche Bestandteile ab, sodass die Auen zur bestgedüngten Landschaft gehören. Extrem sind die Unterschiede: Trockenheit und Hitze, wie Steppenpflanzen oder die alpine Flora es mögen, wechseln ab mit metertiefer Überschwemmung, Kies- und Sandinsel, kaum bestockt, werden weggerissen und über einer üppigen Staudenflur aufgetürmt, reissende Wasserarme und stehendes Altwasser, Riedwiesen und dschungelartige Wälder, welches Paradies, in dem eine bunte Vielfalt von Pflanzen und Tieren ihren Lebensraum hat. Wie werden diese Lebewesen mit dem ständigen Werden und Vergehen fertig? Pflanzen entwickeln lange Wurzeln, die sie im Boden verankern und die bis in die Grundwasserzone reichen, sodass nie völliger Wassermangel herrscht. Mehrjährige Gewächse treiben trotz Knick oder Bruch oder Überschüttung wieder aus. Je weiter die Pflanzen vom Hochwasser entfernt sind, desto länger dauert ihre Vegetationszeit, während in unmittelbarer Nähe des Flusses die Entwicklung von der Keimung bis zur Samenbildung schnell verlaufen muss. In diesem üppigen Chaos herrscht trotzdem eine strenge Ordnung, diktiert vom Wasserstand: Auf die Einjährigenflur folgt die Weide und der Weidenwald, vor allem aus Bruch- und Silberweide bestehend, die sogenannte Weichholzaue. Nun mischen sich Erlen und Pappeln unter die Weiden und bilden den Übergang zur Hartholzaue aus Eschen und Ulmen, die nur noch selten überschwemmt wird. Auch für die Tierwelt sind die Auen ein Paradies. Über fünfzig Vogelarten brüten darin, alle einheimischen Amphibien kommen vor, ein Grossteil aller Libellen, zahllose Käfer, Heuschrecken, Schmetterlinge, ausserdem der Biber, Fische ...

Keine einzige der schweizerischen Auen befindet sich noch in ihrem ursprünglichen Zustand, aber die Restbestände, wie die an der Thur, lassen uns viel vom einstigen Reichtum ahnen. Als nämlich der Raubbau früherer Generationen an den Wäldern ernste schlimme Folgen zeitigte und Hochwasser nie gekannten Ausmasses über das Land brachen, versuchte man ihrer mit gigantischen Bauwerken Herr zu werden. Flüsse wurden gradgelegt und zwischen Dämme gezwängt, Zuflüsse in Kanäle geleitet und Bäche eingedohlt oder verbaut. Das Geschiebe blieb aus, die Fliessgeschwindigkeit erhöhte sich wunschgemäss, doch das ganze ökologische Gefüge der Auen brach zusammen. Sie dienten nun land- und forstwirtschaftlicher Nutzung, dem Kiesabbau oder gar als Deponie.

Im Jahr 1987 brachen völlig unerwartet verheerende Niederschläge und Überschwemmungen über die Schweiz. Die Flussregulierung hielt einem solchen Jahrhunderthochwasser nicht stand, zu viel Boden war asphaltiert, und die Schwammwirkung der früheren Auen fehlte. Die ungeheuren Schäden riefen die Planer auf den Plan: die nächste Flusskorrektion war bereits auf dem Papier. Da wurden auch Stimmen laut, die an die segensreichen Funktionen der ehemaligen Auen erinnerten. Warum nicht den Auen einen Teil ihres Lebens zurückgeben, die Dämme lockern, zurückversetzen, dem Fluss Überflutungsräume öffnen, die Gewalt eines erneuten Spitzenhochwassers brechen? Der Thur mindestens einen Teil des Landes wieder überlassen, renaturieren, wie es recht unschön heisst, was man ihr genommen hat. Denn die Folgen bisheriger Eingriffe sind schlimmer als befürchtet. Je tiefer sich die eingedämmten Fliessgewässer eingraben, desto mehr sinkt auch der Grundwasserspiegel, aus dem wir immerhin vierzig Prozent unseres Trinkwassers beziehen. Und es gibt keine besseren Filter als die Kies- und Sandböden der Aue. Auch die Flussohle ist nicht mehr natürlich. Wegen der Verbauungen der Nebengewässer fällt immer weniger grobes Geschiebe an, das Feinmaterial verdichtet den Flussboden, die Filterwirkung fehlt, und das Flusswasser kann nicht mehr versickern, die Kleinlebewesen gehen ohne Schlupfwinkel zugrunde, die Laichgründe und die Fische verschwinden.

Das wichtigste Argument, nicht alte Fehler zu wiederholen und neue Erkenntnisse in die Tat umzusetzen, liefert das Thurtal selbst. Da liegen noch stille Gewässer, wo die vom Aussterben bedrohte Europäische Sumpfschildkröte lebt. Da haben die ältesten Wasserbauer der Welt, die Biber, zwischen 1963 und 1970 am Hüttwileersee angesiedelt, sich bereits bis an die Thurmündung verbreitet. In der Thur und ihren Kanälen, in den Giessen und Altwässern finden sich Fische, die bereits auf der Roten Liste stehen, wie Schneider und Strömer, Nase, Aesche und Barbe. Dreissig Libellenarten, darunter die Prachtlibellen und Blauflügellibellen, sind belegt. Noch ist hier die kräftige Stimme des Laubfrosches zu vernehmen, noch brütet der Eisvogel, der Gelbspötter, der Pirol und seltene Spechte in diesem Gebiet.

Während Jahrtausenden hatten die Flüsse die Menschen in ihrer Hand, doch das Blatt hat sich gewendet. Das Schicksal des Flusses liegt in unserer Hand, auch das der Thur. Haben wir gewusst, wieviel Verantwortung wir übernahmen, als wir den Fluss und seine Geschöpfe aus dem natürlichen Kreislauf herausrissen? Vielleicht sind wir uns heute der Verantwortung eher bewusst, wenn es gilt, der Thur etwas Freiheit zu schenken oder sie abzuwürgen. Für beides bestehen Pläne. Verstehen wir uns als Treuhänder dieser einmaligen Flusslandschaft, sehen wir in diesem Fluss immer noch ein Spiegelbild unseres eigenen Daseins, dürfte uns der Entscheid nicht schwerfallen.

Heidi Steiger

RHEIN
THUR
Andelfingen
Ellikon
Frauenfeld
Weinfelden
MURG
Bischofszell
SITTER
Wil
St. Gallen
GLATT
NECKER
Appenzell
Wattwil
Säntis
Ebnat-Kappel
THUR
Unterwasser

Legenden zu den Bildseiten

26–33
Quellgebiet der Thur am Säntis: Als klares, kaltes Wasser tritt die Quelle aus dem steinernen Schoss und rieselt über den Fels, versickert wieder spukhaft in Spalten und Schrunden des Karsts, bricht von neuem aus dem Gestein, vereint sich mit weiteren Rinnsalen zum Quellbach. Schon verfügt das Wasser über genügend Kraft, seine Umgebung zu verändern. Den Felsbrocken umspielend, löst es ihn unmerklich vom Grund, lässt eine Handvoll Kiesel liegen und umkost den bemoosten Stein, stürzt wie ein lebendiges Wesen über den Fels und pumpt die gläsernen Lungen mit Sauerstoff voll, leckt an schrundigen Wänden und erweckt mit seinem feuchten Hauch winzige Algen und Moose zum Leben.

34–35
Thurwis: Üppige Fluren entfalten sich, wo die junge Thur als sanftes Wiesenbächlein über morastigen Grund fliesst oder als wilder Bergbach über Stufen schäumt. Als eigentliche Frühjahrskünder und Nässeanzeiger gelten die Dotterblumen aus der Familie der Hahnenfussgewächse, die ihre üppigen glänzendgelben Blüten noch auf über zweitausend Metern Höhe entfalten.

36–37
Unterwasser: Zehn Meter stürzen die Wildwasser im Kämmerlitobel in die Tiefe, ein gewaltiges Atemholen. Wo Wasser ist, beginnt auch der Stein zu leben. Am überrieselten oder auch nur besprühten Fels setzen sich die anspruchslosen Flechten fest, diese seltsamen Doppelwesen aus Pilz und Alge, welche ihre Nahrung nur aus dem Regenwasser und der Luft beziehen. Als Pioniere bereiten sie das Terrain für anspruchsvollere Pflanzen vor. Die Moose bescheiden sich mit ein paar Krumen Humus, um ihre dichten Polster zu bilden. Diese wiederum weisen ein so günstiges Mikroklima auf, dass sie als Kinderstube von Farnen und Gräsern, ja sogar von Sträuchern und Bäumen dienen, die sich oft in bizarren Formen aus dem Gestein winden und halsbrecherisch über Abgründen hangen.

38–39
Zwischen Alt St. Johann und Starkenbach wird der Bach zum Flüsschen, sein Lauf ist bereits gezähmt, sodass das Land bis hart ans Wasser genutzt werden kann. Im Frühsommer geizt selbst die Fettwiese nicht mit ihren Reizen. Magerwiesen mit ihrem Reichtum an Wiesenblumen und Insekten bedecken vor allem die steilen, sonnenbeschienenen Flanken. Ihre Entwicklung verläuft ungestört, da ein einmaliger Schnitt weder die Samenbildung noch die verschiedenen Stadien im Insektenleben bedroht. Der drei- bis viermaligen Nutzung einer Kunstwiese trotzen nur Gewächse mit Pfahlwurzeln und flachen Blattrosetten wie der Löwenzahn, der Bärenklau, der Kerbel.

40

Bei Burg verengt sich der Fluss schluchtartig. Formvollendet verbindet der Brückenbogen die beiden Ufer, gewachsen aus Holz und Stein, Natur geworden.

41–42

Die Steilhänge eignen sich schlecht zur Bewirtschaftung. Nicht die strenge, dunkle Fichte, sondern die beschwingten Kronen der Laubbäume prägen viele Bergwälder im Toggenburg. Wald und Weide, beide sind Lebensgrundlagen für die Bevölkerung, doch kommen sich Ausdehnung der Alpen und Schutz des Waldes oft in die Quere. Weideflächen bringen das rasche Geld, der Wald als Lebensraum und mit seinen vielfältigen Schutzfunktionen ist schlicht unbezahlbar. Wald ist Vorsorge für die Enkel, wird an ihm gefrevelt, zahlen diese einen hohen Preis.

43

Gefiltert durch die frühlingsfarbenen Blätter der Buchen, der Ulmen und der Ahorne fällt nur mildes Licht auf die schattenliebenden Gewächse, die sich wie ein Pelz ans nackte Gestein schmiegen.

44

Je wilder die Wasser, je unzugänglicher die Wälder, desto mehr bleibt die Natur sich selbst überlassen – zum Glück ihrer Geschöpfe, wie hier zwischen Stein und Nesslau.

45

Schwand: Kraftprotzerei eines Bergbachs? Oder lauert da nicht tief im Strudel ein wilder Wassermann?

46

Die Giessenfälle verdanken ihre Existenz einem Kleinkraftwerk. Die Thur leistet ihren Tribut an unsern Energiehunger, ohne dass ihr Lebensstrom brutal unterbunden wird.

47

Neu St. Johann: Fluss des Wassers – Fluss der Zeit. Weidenbaum und Gotteshaus haben beidem standgehalten.

48–49

Mächtige Gesteinsleiber aus Nagelfluh hetzen die Wasserrosse durch Sperren und Engen und gönnen ihnen zuweilen eine türkisfarbene Ruhe.

50

In der Nähe von Krummenau hat die Strömung das weiche Gestein abgetragen. Die darüber liegende harte Schicht blieb als Naturbrücke stehen.

51

Unverhofft begegnen wir dem Wunderbaren: dem Drosselkind, das so selbstverständlich auf dem Kies kauert, sei-

ner Tarnung und seinen Eltern vertrauend, die in der Nähe auf Futtersuche sind. Stillstehen und innehalten, aufmerksam werden auf das Gezeter des Winzlings Zaunkönig, der von seinem kugeligen Moosnest ablenken will, und auf die Spinne, die sich am glitzernden Faden in neue Jagdgründe hangelt.

52
Nicht zuletzt sind es die Gräser, die mit ihrem Wurzelnetz das vom Wasser bedrohte Erdreich zusammenhalten und jede Wunde, jede Scharte in wenigen Tagen mit ihrem Geflecht heilend überziehen.

53
Reines Wasser, Buchten und Wirbel, Licht und überhängende Bäume: hier finden Forelle und Wasseramsel ideale Lebensbedingungen.

54
Nähe Krummenau: Fabriken am Flusslauf – eine einseitige Sache: Man nutzt die Wasserkraft und überlässt die Abwässer dem Fluss – wenigstens bis vor nicht allzulanger Zeit.

55
Oft verlässt der Thurweg das Wasser und führt den Wanderer an einsamen Gehöften vorbei. Trotz Mechanisierung ist der Arbeitstag einer Bauernfamilie noch lang und hart, die Abgeschiedenheit im Winter oft belastend, die Schulwege weit.

56–57
Vor Ebnat kommt die Thur bereits in die Jahre, wird füllig und etwas matronenhaft. Wie zerknitterte Seide breitet sich das Wasser über ihre üppigen Formen.

58
Nicht etwa in düsteren Schluchten springt uns Unheimliches an, sondern in der lichten Weite schieben sich die wulstigen Lippen eines Flussgottes aus dem Wasser.

59
«Frühling lässt sein blaues Band . . .», aber halt, das blaue Band ist ein alter Fabrikkanal bei Ebnat-Kappel.

60–63
In der Region Wattwil verliert die Thur die Eigenständigkeit und wird zum Kanal, der in der Umfahrungsstrasse sein Ebenbild findet. Aber schon in der Aeuli-Schlucht bei Lichtensteig entledigt sie sich wieder den Fesseln, verliert ihr blaugrünes Herz an einen stillen Wald und schluckt die übermütige Kaskade des Krinauer-Baches – so jung war sie auch einmal. Allgegenwärtig ist der Vogelbeerbaum. Anfangs August plündern die Vögel die schweren Dolden

in einer Blitzaktion, lassen aber die bittern, vitaminreichen Früchte so lange am Boden liegen, bis sie nicht mehr hart und zäh sind.

64
Nicht nur hier in Dietfurt, sondern weit bis ins Flachland sperren Nagelfluhwände jeden Zugang von der Landseite. Oft türmen sie sich wie Ruchbrotlaibe auf dem Gestell im Bäckerladen.

65–66
Ein Blick von der Soorbrücke: stilles Wasser flussaufwärts, gespenstische Gischtfinger, die sich ins Gestein krallen, flussabwärts.

67
Strandgut: rundgeschliffen und glattpoliert lässt ein Fluss seine Beute zurück, ob Stein oder Holz. Schatzsucher eigener Art werden behutsam über das sonnenwarme Wesen streicheln, das einer längst ausgestorbenen Gattung anzugehören scheint.

68–69
Platten bei Bütschwil: Platt auf den Bauch legen möchte man sich und dem irrlichternden Tanz der Geister über dem Wasser zuzuschauen, wenn einem das Gleissen und Glitzern nicht die Augen schlösse.

70
Nicht jedem ist das Abenteuer einer südamerikanischen Hängebrücke vergönnt. Mindestens eine Ahnung davon vermittelt diese Brücke bei Untermühle.

71
Auf weite Strecken hat man der Thur ihre Auen genommen. Wo noch alte Hochstammobstbäume und Hecken stehen, findet man Vögel der Auenwälder: den Pirol, den Kuckuck.

72–73
Die Thurinsel Lochermoos gehört zu einem Naturschutzgebiet. Nackte Kiesinseln ermöglichen dem Flussregenpfeifer eine erfolgreiche Brut, weil seine gesprenkelten Eier genau mit den Kiesen harmonieren. Auch die Dunenjungen heben sich kaum vom Untergrund ab. Die Larven von Amphibien und Fluginsekten sind auf seichte, warme Tümpel und Verstecke angewiesen. Üppige Pestwurzstauden und Rohrglanzgras bilden kleine Wildnisse und Dschungel.

74
Brückenwettstreit bei Lütisburg. Gradlinig, sucht die ältere Brücke Wassernähe, stelzbeinig und mit kühnem Schwung wirft sich die jüngere hoch in den Himmel.

75
Vor dem Wehr bei Bazenheid.

76
Die Strömung eines natürlich mäandrierenden Flusses wetzt dauernd am Prallhang und lagert sein Schwemmmaterial am Gleithang ab. Buchten ausserhalb der Strömung entfalten ein reiches Tier- und Pflanzenleben, das bei Hoch- oder Niedrigwasser stark gefährdet ist. Kolken und Vertiefungen unter Steinen sind letzte Zuflucht, wenn bei Trockenheit oder Hochwasser tödliche Gefahr droht. Bei schlechter Wasserqualität verwandeln sich die idyllischen seichten Buchten rasch in stinkende Kloaken, aus denen es für die Bewohner kein entrinnen mehr gibt.

77
Aufräumen verboten! Umgestürzte Bäume sind die Lebensgrundlage vieler Insekten, von Pilzen und Moosen. Unaufgeräumte Landschaften braucht auch der Mensch. Zwischen Glas und Beton, Kunststoff und Neonlicht verkümmert seine Seele. Auf unserer Wanderung stiessen wir hier weder auf stadtmüde Bürotiger noch auf wortkarge Fischer, sondern auf eine Sippe von Jenischen. Ausgelassene Kinder, die «Wilde» gar nicht erst zu spielen brauchten, tollten wie übermütige Jungfüchse in der Wildnis, derweil die Erwachsenen ein Ferkel über einem offenen Feuer drehten und etliche Flaschen, im Schutz eines Baumschattens gestapelt, vor verfrühtem Zugriff bewachten.

78
Kraterlandschaft bei Benzenau.

79
Ein treuer Begleiter der Thur bis zur Mündung ist der Bärlauch. Jäger haben sogar Füchse beobachtet, wie sie am Bärlauch naschten. Wer ihn nicht riechen mag, schliesst ihn spätestens im Mai ins Herz, wenn seine lichten Blütendolden den Waldboden in einen Sternenteppich verzaubern.

80
Eine Handvoll sich selbst überlassener Boden quillt über an Leben. In ständigem Kreislauf wird Abgestorbenes zersetzt und in neues Leben verwandelt.

81–83
Solange noch Flussarme frei fliessen und noch genügend grobes Material verfrachtet wird, ist die Thur, trotz vielerlei Belastungen, reich an Fischen wie die Forelle und die Aesche. Bleibt wegen Verbauung der Zuflüsse dieser Nachschub aus, verdichtet sich der Flussboden bis zur Härte von Zement und bietet kleinen und kleinsten Lebewesen keinen Lebensraum mehr.

84
Ab Schwarzenbach ist die Thur massiv verbaut. Trost findet das Auge an der Golden Au, wo Abertausende von Hahnenfussblüten diesem Namen alle Ehre machen.

85
Thurau bei Wil: eine trügerische Idylle. Ganz nah donnert der Verkehr über die Autobahn. Nicht vermiesen lassen sich den nassen Spass Ross und Reiter, denen – wie auch den Hunden – nur noch an Flüssen der Badeplausch erlaubt ist.

86
Felsegg: Früheren Fabriken oder Werken haftet oft etwas klösterlich Strenges an, als könnten sie kein Wässerchen trüben.

87
Wer könnte der Versuchung widerstehen, an diesem technischen Wunderding zu drehen und zu kurbeln, bis es sich ächzend und knarrend in Bewegung setzt? Die Patina aus Rost und Algen markiert bereits die Inbesitznahme durch den Fluss.

88
Wo liegt der schönste Buchenmischwald? Beim Kloster Glattbrugg – sagt Dieter Berke.

89
Sonnenburg.

90–91
So oder so? Verträumtes Reservat zwischen Ober- und Niederbüren. Golfplatz Thurau. Einfalt statt Vielfalt?

92–93
Manchmal verstummt die Wassermusik, und wenn die Thur ihr knöchernes Gerippe entblösst, möchte man nicht einmal die Hand ins verwunschene Wasser tauchen. Im Gebiet Chatzensteig bei Bischofszell führt ein besonderer Weg an geologischen oder historischen Sehenswürdigkeiten vorbei.

94–96
Bei Bischofszell locken mächtige Kiesinseln, kleine Sandbänke, zerklüftete Gesteinsbrocken und ein fast vollkommenes Auenwäldchen, beinahe unzugänglich. Als treuer Diener seiner Herrin folgt der Kanal der Thur, nach alter Väter Sitte mit Pflöcken und Weidengeflecht geschützt. Etwas ausserhalb von Bischofszell, über der Thur, lädt der «Muggensturm» zu einer längern Rast ein. Dieser Landgasthof hat bis heute seine Behäbigkeit bewahrt. Süsses Nichtstun und ein saurer Most unter ausladenden Kastanien und nicht eine einzige Mücke …

97
Nach der langweiligen Sittermündung – was für ein schmähliches Ende für diesen temperamentvollen Zufluss – masst sich die Thur Stromesbreite an, wenn sie Hochwasser führt.

98
Halden.

99
Schönenberg-Kradolf: Wie doch Bilder lügen! Statt Stille erwartet uns ein Brüllen und Tosen, die Wassermassen verlassen das Wehr.

100
Spielerisch kräuselt sich das Wasser am ausgebleichten Wurzelstock. In früheren Zeiten, wenn Hochwasser das Land heimsuchte, hat es Bäume und Brücken, Rinder und Rosse wie Spielzeug auf wilder Fahrt mitgenommen.

101
Mit den Kiesbänken verschwänden unzählige Kleintiere, bevor sie unsere Kinder je bestaunen können.

102
Stau bei Schönenberg.

103
Kleiner Zufluss – grosse Wirkung, wenn er Nitrate und Schädlingsbekämpfungsmittel in den Fluss schwemmt.

104–105
Beide sind für ihren Fleiss und ihre Bautätigkeit bekannt: die Ameise und der Mensch.

106
Von Bussnang nach Amlikon: Arme Thur! Selbst an der Böschung hat man geknausert. Einheitsbreite, Einheitstiefe, Einheitsfliessgeschwindigkeit – darf sie je wieder einmal über die Stränge hauen?

107
Zukunftsmusik – statt landwirtschaftlicher Überproduktion gibt man den Flüssen ihr Land, ihre Auen zurück.

108–109
Kanal bei Pfyn: Einer der ältesten Landschaftsgestalter, der Biber, hat längs der Thur wieder Fuss gefasst. Nur dem Kenner verraten Spuren seiner Tätigkeit den grossen Nager, der in erstaunlicher Weise dem Leben im Wasser und am Land angepasst ist.

110–111
Frauenfeld: Als letztes grösseres Gewässer mündet die Murg in die Thur, ein Refugium für Fische, oft auch mit Schadstoffen belastet.

112–113
Farbenspiele auf dem Kanal.

114
Hüterin uralter Geheimnisse, unergründlich wie das dunkle Wasser, ein Märchenwesen oder eine schlichte Ente?

115
Von der ungebrochenen Kraft der Thur zeugt dieser frischentwurzelte Baum.

116
Vollendete Technik.

117
Dunst und Nebel entziehen die Flussniederungen im Herbst und Frühling den Blicken, verwischen Konturen, dämpfen Lauten und Grelles, lassen Schwermut aufkommen oder Dankbarkeit für die wohltuende Stille.

118–119
Die Thur als «Milchstrasse», reglos im Dämmerwald.

120–123
Giessen bei der Karthause: König Winter hält Hof . . .

124
Bis an die Thurmündung beherrscht der Rotmilan die weite Landschaft. Greifvögel wie Bussard, Turmfalke und die nachtaktiven Eulen sind hochspezialisierte Lebewesen, welche ihre hauptsächliche Beute – die Nagetiere – regulieren und als wichtige Bioindikatoren gelten. Ihr Verschwinden deutet stets auf eine Verschlechterung der Umweltsituation auch für uns Menschen hin. Sie sind vollständig geschützt.

125
Fast zu spät erkennen wir die Bedeutung der Tümpel und Altwässer, der Teiche und Bäche. Ohne sie sterben Amphibien und auch Reptilien aus. Doch sie sind noch zu retten, die seltene Europäische Sumpfschildkröte oder die lauten Laubfrösche in den Hecken. Neueste Bestandsaufnahmen an der Thur zeigen einen Reichtum an Tieren und Pflanzen auf, der selbst Fachleute überrascht hat. Das verpflichtet, denn jede weitere Einschränkung der Lebensräume im und am Wasser besiegelt das Todesurteil für die eine oder andere Art. Seit Jahren kämpfen viele Organisationen, an erster Stelle die «pro Thur» für die Erhaltung und Erweiterung einer ursprünglichen Thurlandschaft.

126–127
Dämme – hier bei Niederneunforn – sind nicht selten letzte Refugien für die Magerwiesflora. Allerdings vertreiben eingeschleppte Pflanzen wie die dominierende Kanadische Goldrute und das Drüsige Springkraut die einheimische Vegetation.

128–129
Im Aeuli bei Gütighausen: Hier atmet man noch die Weite der ursprünglichen Auen.

130
Neuland auf Zeit.

131
Weiden und Wasser sind ständige Gefährten.

132
Sandzeichen, vom Wasser geformt, vom Winde verweht.

133
Auf bleiernem Winterwasser schwimmen in den Rauhnächten zu Tausenden die winzigen Lichtlein der armen Seelen.

134
Nur für Schwindelfreie: die Passage über die Eisenbahnbrücke von Ossingen.

135
Nicht alle Steilufer sind lebensfeindlich. Im Sommer brütet dort der Eisvogel in seiner Nisthöhle.

136
Läuten sie den Winter ein oder aus?

137
Natürliche Nachreinigung von Wasser aus der Kläranlage bei Gütighausen.

138
Der alte Mann und – der Fluss. Weiss er, dass so ein seltener Fisch wie der Schneider in der Thur lebt?

139
Die Traubenkirsche, eine frohwüchsige Schönheit des Auenwalds, hängt im Sommer ebenso verschwenderisch voller schwarzer Früchte.

140
Alles scheint stillzustehen an der Brücke von Kleinandelfingen: die Thur und die Zeit.

141
Flussträume – Tom Sawyer lässt grüssen.

142–143
Still verharrt die Thur, bevor der Rhein sie umarmt.